Yvan Pommaux, geboren 1946 in Vichy, zeichnet seit seiner Kindheit.
Also studierte er Kunst und zog nach Paris, wo er sich zunächst mit Gelegenheitsjobs
über Wasser hielt. Schließlich illustrierte er Schulbücher und ging dann, beeinflusst
durch Tomi Ungerer und Maurice Sendak, dazu über, eigene Geschichten zu entwickeln.
Sein Bilderbuch *Detektiv John Chatterton* wurde 1995
mit dem Deutschen Jugendliteraturpreis ausgezeichnet.

Von Yvan Pommaux erschienen bei Moritz außerdem:

Odysseus – listenreich und unbeirrt
Ödipus, das Findelkind
Wir und unsere Geschichte

2. Auflage, 2021
© 2013 Moritz Verlag, Frankfurt am Main
Alle deutschsprachigen Rechte vorbehalten
Die französische Originalausgabe erschien 2011 unter dem Titel
Troie. La guerre toujours recommencée bei l'école des loisirs, Paris
© 2012 l'école des loisirs, Paris
Druck: Theiss, St. Stefan
Printed in Austria
ISBN 978 3 89565 259 2
www.moritzverlag.de

Yvan Pommaux
TROJA

Nach Homers Ilias
Kolorierung von Nicole Pommaux

*Aus dem Französischen von
Erika und Karl A. Klewer*

Moritz Verlag
Frankfurt am Main

Zur Zeit der Antike wanderten in Griechenland so genannte Rhapsoden von Ort zu Ort und trugen ihren aufmerksamen Zuhörern lange Berichte von Heldentaten und Abenteuern in einer Art Sprechgesang vor, heute würde man »Rap« dazu sagen.

Einer von ihnen war Homer. Von ihm sind zwei lange epische Gesänge erhalten geblieben, die er im 8. Jahrhundert vor unserer Zeitrechnung verfasst hat: die *Ilias* und die *Odyssee*.

Der entsetzliche Krieg, um den es in der *Ilias* geht, wurde durch einen ganz gewöhnlichen Apfel ausgelöst. Gleich werdet ihr sehen, wie es dazu kam …

Die Götter der Griechen wohnten im Olymp, einem paradiesischen Ort über den Wolken. Da sie unsterblich waren und die ewige Jugend besaßen, hätten sie sich gelangweilt, wenn es nicht weit unter ihnen die Erde gegeben hätte. Auf ihr verbrachten Männer und Frauen ihr allzu kurzes Leben mit Liebe, Hass, Festen oder Krieg, mit gegenseitiger Hilfe und Verrat ... Das komplizierte Miteinander der Sterblichen erschien den Göttern so spannend, dass sie bisweilen vom Olymp hinabstiegen, um sich unerkannt unter sie zu mischen.

Eines Tages saßen sie bei einem Festmahl beisammen, um die Hochzeit des Peleus und der Thetis zu feiern. Wie schon oft zuvor hatte man »vergessen«, Eris einzuladen, die Göttin der Zwietracht.

Um sich dafür zu rächen, warf sie einen Apfel mitten in die Festgesellschaft, auf dem die Worte standen: FÜR DIE SCHÖNSTE.

Während sich Hera, Aphrodite und Athene heftig um den Apfel stritten, ergriffen die Gäste Partei. Das Fest war verdorben.

Zeus, der oberste Gott und Heras Gemahl, geriet in Zorn und erklärte, ein Sterblicher solle den Streit entscheiden.

So kam es, dass mit einem Mal Paris, ein junger Prinz, der auf einem Hügel die Schafe seines Vaters, des trojanischen Königs Priamos, weidete, drei Göttinnen vor sich stehen sah und zu seiner Überraschung einen Apfel in der Hand hielt. Als er die drei Worte las, die darauf standen, konnte er sich zwar denken, was von ihm erwartet wurde, doch er schwieg, da er nicht den Mut hatte, sich zu entscheiden.

Aphrodite trat näher und flüsterte ihm zu: "Wenn du den Apfel mir gibst, werde ich dir immer beistehen und dafür sorgen, dass du die schönste Frau auf Erden bekommst: Helena, die Gattin des Königs Menelaos von Sparta."

Da Paris von der Schönheit Helenas gehört hatte, die von den Rhapsoden in ihren Gesängen gepriesen wurde, ging er auf das Angebot ein. Nachdem sich Aphrodite auf diese Weise gegenüber ihren Konkurrentinnen durchgesetzt hatte, sorgte sie dafür, dass ihr Schützling die schöne Helena aus Sparta entführen und nach Troja bringen konnte.

Als sich Menelaos daraufhin bei seinem älteren Bruder Agamemnon beschwerte, dem mächtigen Herrscher von Mykene, beschloss dieser, einen Feldzug gegen die Trojaner zu führen, um Helena zurückzuholen und für die seinem Bruder angetane Kränkung blutige Rache zu nehmen.

Schon bald wimmelte das Ägäische Meer von Schiffen. Sämtliche griechische Fürsten waren Agamemnons Ruf gefolgt und segelten nun unter seiner Führung in Richtung Troja.

Wie bei allen Kriegen stand hinter dem Vorwand, unter dem er geführt wurde, der Gedanke Land zu erobern, und selbstverständlich hieß es, er werde nicht lange dauern!

An der Stelle, an der Homers Bericht einsetzt, wird Troja bereits seit neun Jahren belagert …

Wann immer die Vorräte im griechischen Lager knapp werden, überfallen ihre Heerführer schlecht befestigte Städte der Umgebung. Niemand bricht öfter zu solchen Raubzügen auf als Agamemnon.

Dabei werden auch Frauen entführt. Die edelsten und schönsten überlässt man den Fürsten als »Ehrengabe«. So bekommt Achilles in Lyrnessos von seinen Myrmidonen-Kriegern die schöne Briseis.

Agamemnon überfällt Theben, wo er ein bezauberndes junges Mädchen namens Chryseis raubt.

Vergiss, dass du meine Gefangene bist. Ich werde dich lieben und du wirst meine Liebe erwidern.

Du stehst mir als Beute zu und bist meine Sklavin.

Chryseis ist die über alles geliebte Tochter des Apollopriesters Chryses, der sich sofort mit einer gefüllten Schatztruhe ins Lager der Griechen begibt.

Chryses macht sich eilends davon.

Vom Olymp herab beobachtet Athene das Treiben der Sterblichen. Sie kann sich denken, dass es zwischen Achilles und Agamemnon zum Streit kommen wird. Da sie auf der Seite der Griechen steht, will sie das verhindern.

Apollo wird euch erst in Frieden lassen, wenn Agamemnon Chryseis ihrem Vater zurückgegeben hat.

WAS! Elender Wahrsager! Aus deinem Mund kommen immer nur Unglücksreden. Ich bring dich um.

Das wirst du nicht tun!

Ein Streit mit Achilles wäre zu gefährlich.

Von mir aus soll er Chryseis haben. Dann will ich aber Briseis!

Du bist habgierig und willst mich damit erniedrigen!

ACHILLES

Während Agamemnons Wachen Briseis holen, zieht sich Achilles grollend in sein Zelt zurück. Da es zwischen seinen Schiffen, etwas abseits vom Lager der Griechen, steht, hat er einen guten Überblick über das ganze Schlachtfeld.

Sein Freund Patroklos versucht ihn zu trösten:

Ich stehe zu dir, Achilles. Ich bin dein Freund.

Du bist mehr als ein Freund, Patroklos.

Eines Morgens geht Achilles zum Strand …

… um seine Mutter zu rufen, die Meeresgöttin Thetis. Sie zeigt sich ihm.*

* Gelegentlich ließen sich die Götter auf Liebesbeziehungen mit Sterblichen ein, aus denen bisweilen Kinder hervorgingen. Achilles war eines davon.

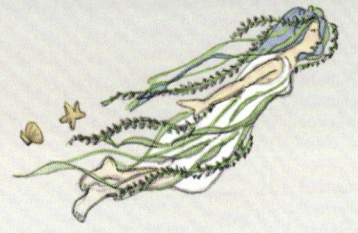

Thetis eilt zum Olymp.
Sie war Zeus stets treu ergeben und er hat ihr oft seine Zuneigung bewiesen.

O Zeus, oberster Herrscher, steh in den bevorstehenden Schlachten den Trojanern bei.

Damit die Griechen denken, dass das Fehlen von Achilles der Grund ihrer Niederlage ist!

Du weißt, dass ich dir nichts abschlagen kann.

Ohnehin dauert dieser Krieg schon viel zu lange. Ich glaube, ich mache da mal Dampf.

Zeus schickt Agamemnon einen Traum, in dem dieser wieder der große Kriegsfürst von einst ist, der seine Truppen zum Sieg führt.

Im Morgengrauen ruft Agamemnon seine Krieger:

Haltet eure Lanzen bereit! Ergreift die Schilde! Legt die Brustpanzer an!

Auch wenn wir viele tapfere Männer verloren haben, sind wir immer noch stark.

Er will sie mitreißen und seine Vormachtstellung festigen.

"Damit hat er Recht."

"An der Küste liegen über tausend Schiffe, von denen jedes mindestens hundert Männer hergebracht hat. Zwar sind einige der Fürsten verwundet, doch sind alle noch da ..."

Peneleos, Leitos, Arkelisas und Prothoenor stehen an der Spitze der Krieger aus den Städten Skolos, Theopia, Ilesion und vielen anderen in Böotien.

Die Brüder Askaphos und Ialmenos gebieten über Leute aus Aspledon und Orchomenos ...

Schedios, Epistrophos und Naubolides bieten Krieger aus Kyparissos und Pytho in der Landschaft Phokien auf ...

… und während Ajax an der Spitze der Krieger von der Insel Salamina steht …

… führt der von Stenelos und Euryalos unterstützte Diomedes Männer aus den großen Städten Argos, Tyrinthos, Trezenia und Epidauros in die Schlacht …

Der mächtige Atride Agamemnon, Beherrscher von Mykene und Korinth, der jetzt all diese Krieger aufruft sich erneut zur Schlacht zu stellen, gebietet über die größte Streitmacht …

Sein Bruder Menelaos, um dessen Gemahlin Helena der Krieg entbrannt ist,
befehligt Truppen aus Sparta und Pharis ...

Die Männer aus Pylos scharen sich um den weisen alten Nestor ...

Ihnen folgen die Leute aus den Gefilden Arkadiens, die Agapenor unterstehen ...

Amphimachos, Thalpios, Diores und Polyxenes führen die Krieger
aus dem weiten Gebiet zwischen Alesia und dem Kap Hyrminia an.

Die als Myrmidonen bezeichneten Krieger aus Argos Pelagikos, Phthiotis und dem Gebiet der übrigen Hellenen sind ratlos. Ihr Feldherr Achilles weigert sich zu kämpfen, weil Agamemnon ihm Briseis genommen hat. Sein Zorn hat sich nicht im Mindesten gelegt …

Der listenreiche Odysseus befehligt die Männer von den Inseln Ithaka, Kephalonia, Zakynthos und Samos … Die Kreter folgen ihrem König Idomeneos. Noch eine ganze Reihe weiterer Herrscher über weniger bedeutende Inseln haben im edlen Wettstreit miteinander Hunderte von Männern aufgeboten, um die Reihen der Griechen zu stärken.

Ja, unser Heer ist noch immer mächtig.

Die Erde dröhnt unter dem Marschtritt der griechischen Kämpfer. Die Wälle und Mauern von Troja zittern wie bei einem Erdbeben.

In Gestalt eines Kundschafters tritt Iris als Botin der Troja freundlich gesonnenen Götter vor Priamos, den alten König der belagerten Stadt.

Priamos spürt die Last seiner Jahre. Während sein ältester Sohn Hektor an der Spitze des Heeres steht, denkt Paris, der jüngere Bruder, nur an sein Vergnügen.

"Wenn wir jetzt nicht handeln, kann die Belagerung unserer Stadt noch ewig dauern."

"Du hast Recht, Hektor."

Zwar ist das Heer der Griechen mächtig, aber ohne Achilles ist es kein besonders gefährlicher Gegner. Außerdem können wir uns auf eine große Anzahl von Verbündeten verlassen:

Äneas mit seinen Dardanern ...

Pandaros mit seinem unfehlbaren Bogen, den ihm Apollo geschenkt hat, führt die Krieger aus Zeleia ...

Adrastos und Amphios mit ihren aus dichtem Leinen gewebten Rüstungen befehligen die Männer aus Adraste, Pityeia und Teria.

Asios, dessen Pferde Feuer sprühen, steht an der Spitze der Männer aus Perkota, Sestos und Abydos ...

Die Leute der inmitten fruchtbarer Landstriche gelegenen großen Stadt Larissa folgen Hippothos und Pylokos.

Befreundete Krieger sind uns von weither zu Hilfe geeilt:

Die Thraker unter Akamas und Piroos.

Die kriegerischen Kikonen unter Euphemos.

Die von Pyraechmes angeführten Päonier und – von noch weiter her kommend – Krieger aus Paphlagonien, Mysien und Mäonien.

Die Tore der Stadt fliegen auf. Sogleich stellen sich die herausströmenden Krieger in Schlachtordnung auf und stoßen ihren Kampfschrei, den Ruf des Kranichs, mit solcher Lautstärke aus, dass die Ebene davon widerhallt.

Dichter Nebel behindert beide Heere. Mit einem Mal tritt Paris daraus hervor.

Wer wagt es, sich mir zum Zweikampf auf Leben und Tod zu stellen?

ICH!

Aphrodite greift ein und bewahrt Paris vor dem sicheren Tod. Aus der Ferne zerreißt sie das Lederband des Helms, das ihm die Luft nimmt. Während Menelaos durch den Ruck zu Boden stürzt, entschwindet sie mit ihrem ohnmächtigen Schützling in den undurchdringlichen Nebel, den sie erneut über die Ebene gelegt hat.

Pandaros spannt seinen Bogen. Als der Pfeil von der Sehne schnellt, lenkt ihn Athene so, dass er im Ledergürtel des Menelaos steckenbleibt, ihn aber kaum durchbohrt. Nur wenig Blut befleckt das Gewand des Spartanerkönigs.

„Mein Bruder! Bist du verwundet?"

„Ach was! Bloß eine Schramme!"

„Du blutest! Der Feind hat die Waffenruhe verletzt! Nur Krieg kann diese neue Schmach tilgen!"

Während die beiden Heere darauf warten, dass sich der Nebel lichtet, haben sie sich zurückgezogen, um mit doppelter Wut gegeneinander anrennen zu können. Mit Worten, die zeigen, dass er ein wahrer Heerführer ist, feuert Agamemnon seine Krieger an:

HEILIGE WERTE ... MUT ... KAMPF ... KINDER ... ENTSCHEIDUNG ... NICHT VERGEBENS ... EHRE ... VATERLAND ... EURE FRAUEN ... SCHLACHT ... TAPFERKEIT ... FAMILIE ... LAND ... TRADITIONEN ...

Achilles ist bei den Schiffen geblieben. Gemeinsam mit seinem Freund Patroklos beobachtet er aus der Ferne die Vorbereitungen zur Schlacht.

Wildes Gebrüll erfüllt die Ebene.

Ein Kampf auf Leben und Tod beginnt.

Die griechischen Fürsten dringen mit Macht auf den Gegner ein. Der unerschrockene Ajax überragt sie alle um Haupteslänge. Ein Speer streift ihn und tötet einen Gefährten des Odysseus, der daraufhin wutentbrannt das Schwert gegen die feindlichen Reihen schwingt und förmlich im Blut watet. Die Trojaner weichen zurück.

Apollo ruft ihnen vom Olymp herab zu:

> Bleibt standhaft! Nutzt die Abwesenheit des grimmigen Achilles!

Erneut rücken die Männer des Priamos vor, doch der gefürchtete Diomedes drängt sie wieder zurück. Sein Schwert mäht Männer nieder wie eine Sense die Ähren. Äneas schlägt sich im Kampfgetümmel bis zu Pandaros durch.

> Spann deinen Götterbogen und töte diesen Teufel.

Pandaros zielt und schießt. Doch sein Pfeil bleibt im Schild des Diomedes stecken und dieser tötet ihn mit einem Lanzenwurf.

Ein Stein trifft Äneas an der Hüfte, sodass er zu Boden sinkt.
Sogleich stürzen sich mehrere Griechen mit gezückten Schwertern auf ihn, um ihn niederzumachen.

Wieder greift Aphrodite ein …

… denn Äneas ist ihr Sohn aus einer nahezu vergessenen Beziehung mit einem Sterblichen. Auch wenn sie sich bisher so gut wie nicht um ihn gekümmert, ja, ihn beinahe vergessen hat, muss sie ihn jetzt retten.

Während sie Äneas eilends davonträgt, setzt Diomedes die Verfolgung fort. Die Göttin glaubt sich außer Gefahr, doch der Grieche verwundet sie mit der Spitze seines Speers am Unterarm, sodass »Ichor« austritt, welches anstelle von Blut in den Adern der Götter fließt.

In beiden Lagern greift Erschöpfung um sich. Statt ungestüm aufeinander losgehender Krieger, funkelnder Waffen und blitzender Rüstungen sieht man nur noch abgekämpfte erdfarbene Gestalten, die sich taumelnd dahinschleppen und über Leichen oder stöhnende Verwundete stolpern.

Dieser Anblick betrübt Apollo wie auch Athene. Obwohl sie den Griechen und er den Trojanern beisteht, beschließen sie gemeinsam, die Sonne früher sinken zu lassen.

Während der allnächtlichen Waffenruhe eilen Schattengestalten geschäftig hin und her. Beide Seiten bergen ihre Gefallenen und bald lodern die Scheiterhaufen.

"Wir alle suchen unsere Toten, Trojaner."

"Hast du nicht auch genug vom Krieg, Grieche?"

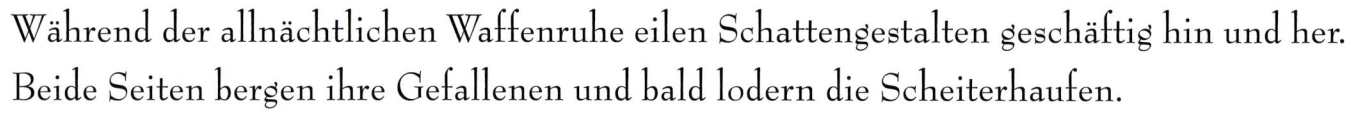

Die griechischen Heerführer beraten.
Der weise alte Nestor ergreift das Wort.

"Der Beistand der Götter macht die Trojaner immer verwegener. Sie kommen aus der Stadt heraus und greifen uns an!"

"Danach können sie sich hinter ihre hohe Festungsmauer zurückziehen, während wir hier im offenen Feld jederzeit verwundbar sind. Wir brauchen einen Wall, der uns schützt."

So errichten die ermatteten Griechen in finsterer Nacht einen Steinwall und heben einen Graben aus, den sie mit Palisaden spicken. Als die ausgeruhten Trojaner am nächsten Morgen unter der Führung Hektors angreifen, der den Sieg schon in Händen zu halten glaubt, muss er feststellen, dass er sich geirrt hat ... Nach einem langen Tag erbitterter Kämpfe suchen die Griechen Zuflucht hinter dem von Nestor geplanten Wall, von wo aus ihre Bogenschützen den Angriff zum Stehen bringen.

Agamemnon kann vor Sorgen kein Auge zutun. Er erhebt sich und stößt auf Menelaos, der gleichfalls keinen Schlaf findet. Bald kommt Odysseus hinzu und schließlich auch noch Diomedes. Nestor, der neben seinen Waffen ruht, richtet sich beim Eintritt der Heerführer auf. Er weiß, dass manche Männer unter bestimmten Umständen nicht tatenlos bleiben können.

Die Trojaner fühlen sich so sicher, dass sie uns herausfordern. Statt sich hinter ihren Mauern zu verschanzen, haben sie ihr Feldlager in der offenen Ebene aufgeschlagen. Odysseus und du, Diomedes, solltet euch heimlich unter sie mischen. Versucht, Hektors Pläne zu erkunden.

Diomedes wirft sich ein Löwenfell und Odysseus das eines Leoparden über.

Auch Hektor ist auf den Gedanken gekommen, den Feind auszukundschaften.

Ein Mann mit dem Fell eines grauen Wolfes überquert das Schlachtfeld …

… in Richtung des griechischen Lagers.

Im griechischen Lager hat man wieder Mut gefasst. Die Trojaner, die angenommen hatten, die Griechen seien so geschwächt, dass man sie in einem letzten Gefecht mühelos besiegen könne, sehen verblüfft, dass sich zu allem entschlossene Männer mit Kriegsgeheul auf sie stürzen. Agamemnon sät mit jedem Schritt Tod und Verderben. Unter seinen Schwertstreichen sterben außer Antiphos, einem der Söhne des Priamos, auch Oileos, Isos, Hippolochos und Pisander. Diesem schlägt er den Kopf ab, packt ihn an den Haaren und schleudert ihn über die Reihen der entsetzten Trojaner hinweg.

Unter Gebrüll, dem Klirren von Metall, Todesschreien und Klagen wogt das Kampfgetümmel hin und her. Ein Speer durchbohrt Agamemnons rechten Arm. Der starke Blutverlust lässt ihn das Bewusstsein verlieren. Sein Wagenlenker bringt ihn vom Schlachtfeld zu seinem Schiff.

Der stets umsichtige Hektor, der von einem Hügel herab das Geschehen beobachtet hat, nutzt die Gunst des Augenblicks und stürmt an der Spitze ausgeruhter Krieger auf das Schlachtfeld.

Auch Odysseus und Diomedes sind verwundet und ziehen sich zu ihren Schiffen zurück. Allmählich gewinnen die Trojaner die Oberhand. Von ferne beobachtet Achilles, wie die Griechen zurückweichen.

"Bald, o Patroklos, wird man mich auf Knien anflehen, ich solle zu den Waffen greifen."

"Ich fürchte, bald gibt es niemanden mehr, der dich anflehen kann, Achill ... Die Trojaner stehen vor unserem Wall."

"Ihre Pferde können die spitzen Pfähle im Graben nicht überwinden. Doch Hektor, Paris und Äneas kämpfen mit ihren Männern zu Fuß und schon werden Leitern gebracht."

Mit einem Mal halten die Kämpfer auf beiden Seiten inne. Gebannt schauen sie auf einen Adler, der im Flug eine Schlange in seinen Fängen hält. Sie ist verletzt, lebt aber noch. Das ist zweifellos ein von den Göttern an den Himmel geschriebenes Zeichen. Die Schlange windet sich und schlägt dem Adler in einem letzten Aufbäumen ihre Giftzähne in die Brust. Taumelnd lässt der majestätische Vogel seine Beute los und stürzt wie ein Stein zu Boden.

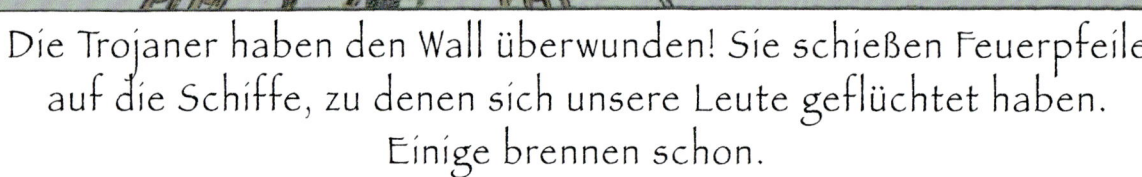

Die List gelingt:

Die Neuigkeit verbreitet sich ebenso schnell wie die Angst. Die Schlacht verlagert sich von der Ebene vor die Mauern Trojas. Die Verteidiger der Stadt weichen zurück. Patroklos vergisst sein Versprechen. Das Schwert des Achilles scheint seinem Arm Riesenkräfte zu verleihen; unermüdlich schwingt er es und tötet, wen immer er trifft.

Wieder einmal greift Apollo ein. Aus der Ferne löst er den Kinnriemen von Achilles' Helm, so dass er zu Boden fällt. Die Trojaner sehen, dass sie es nicht mit Achilles, sondern mit Patroklos zu tun haben.

Hektor taucht in ihren Reihen auf und ruft:

SCHAUT HIN, MÄNNER, DAS IST NICHT ACHILLES!

Ein Stein, der Patroklos an der Stirn trifft, lässt ihn das Bewusstsein verlieren. Hektor stürzt sich auf ihn und erschlägt ihn.

AAAAH

Antilochos, ein tapferer Grieche, brüllt:

MENELAOS! Hektor raubt die Waffen des Achilles!

Der Leichnam des Mannes, der unsere Schiffe gerettet hat, darf nicht in Feindeshand bleiben!

Als Achilles erfährt, dass sein Freund tot ist,
stößt er einen so entsetzlichen Schmerzensschrei aus,
dass er weit über das Schlachtfeld hallt und die Kämpfenden erstarren lässt.
Wie unter höherem Befehl ziehen sich die Heere zurück.

Menelaos und Ajax bringen den blutigen Leichnam des Patroklos. Achilles legt dem Freund die Hände auf die Brust und weint lange. Dann entkleidet er ihn und bedeckt ihn mit einem Leintuch, nachdem er ihn gewaschen und gesalbt hat.

> Begraben werde ich dich erst, wenn ich dir den Kopf und die Waffen Hektors gebracht habe.

Thetis hat den Schmerzensschrei ihres Sohnes gehört.

> Ich will Hektor töten, habe aber keine Waffen.

> Ich besorge dir welche.

Thetis begibt sich ins Herz der Erde zur Schmiede des hinkenden Hephaistos, des düsteren Gottes, der über das Feuer und die Vulkane gebietet. Hoffentlich hört er sie an. Doch warum sollte er nicht – war sie nicht immer freundlich zu ihm?

Mit seinen neuen Waffen tritt Achilles zu den um die Leiche des Patroklos versammelten Heerführern der Griechen. Er versöhnt sich mit Agamemnon, der ihm Briseis zurückgibt.

Dann stürzt er sich an der Spitze seiner Myrmidonen in den Kampf.
Seinen Streitwagen lenkt der ihm treu ergebene Automedon.

Im Lager der Trojaner hat der Schrei des Achilles die Kampfesfreude gedämpft. Nur Hektor ist dafür, weiterzukämpfen.

"Wir sollten uns besser hinter die Stadtmauer zurückziehen."

"NEIN! Das würde unser Ende bedeuten! Dann geht unsere einst so reiche und wohlhabende Stadt zugrunde. Wir müssen kämpfen. Ob wir siegen oder untergehen – auf jeden Fall muss der Krieg enden!"

So geht der blutige Kampf weiter. Der unverwundbare Achilles bringt Tod und Verderben in die Reihen der Trojaner. Wo er auftaucht, werfen Krieger ihre Waffen von sich und fliehen. Er verfolgt sie bis ans Ufer des tosenden Skamander.

Viele fallen ins Wasser und ertrinken, von ihren schweren Rüstungen auf den Grund gezogen.

Aufgebracht wendet sich der Flussgott an Achilles.

Hör bitte auf. Wenn du unbedingt ein ganzes Volk ausrotten willst, tu das fern von mir. Du füllst mich mit Leichen an. Das ist abscheulich!

Warum bist du auch da, wo ich zürne?

Da lässt der Skamander seine Wasser steigen, tritt aus seinem Bett und wirft die Ertrunkenen an Land. Er entwurzelt einen Baum und schleudert ihn gegen Achilles. Dieser weicht geschickt aus, hält sich an den Ästen fest und entkommt auf diese Weise dem Zorn des Flussgottes.

Das Wasser steigt weiter und überflutet die Ebene ...

... aber Hephaistos entfacht auf Heras Befehl ein Feuer, das den Skamander zurückdrängt.

Die Götter werfen einander Beleidigungen an den Kopf und nennen sich gegenseitig Betrüger.

Noch hat der von Wut und Schmerz zerrissene Achilles seinen Durst nach Rache nicht gestillt. Er schwingt sein blutiges Schwert und befiehlt Automedon, im gestreckten Galopp auf das Schlachtfeld zurückzukehren. Doch die Ebene liegt verlassen da.

Ein einzelner Krieger erwartet ihn vor dem gewaltigen Haupttor der Stadt. Alle anderen haben sich hinter die schützende Mauer zurückgezogen.

HEKTOR!

HEKTOR, bring dich in Sicherheit.

Ich flehe dich an!

NEIN! Nur ein Kampf Mann gegen Mann zwischen Achilles ...

und mir kann den Krieg beenden. Dich, Achilles, bitte ich: Siegst du, so übergib meinen Leib meinen Eltern.

Ich werde ihn durch den Staub schleifen und den Hunden vorwerfen!

Achilles bewundert den Mut des Alten, der ungehindert bis zu ihm vordringt.

Priamos steigt von seinem Wagen, verneigt sich erst vor dem toten Patroklos und dann vor seinem von Blut und Staub bedeckten Sohn.

Denk an deinen eigenen Vater, Achilles. Er hätte für dich getan, was ich für Hektor tue. Ja, ich küsse die Hände, die meinen Sohn getötet haben. Ja, ich flehe dich an, überlass ihn mir, damit ich sein Gesicht in Tränen baden und ihm ein würdiges Begräbnis geben kann.

Ich verneige mich vor deinem Mut, alter Mann. Deine Worte gehen mir nahe. Nimm deinen Sohn mit. Solange die Trauerfeier dauert, soll der Kampf ruhen. Aber mehr verlang nicht von mir!

Hektors Leichnam wurde gewaschen, gesalbt und mit einem kostbaren Gewand bekleidet. Dann nahm ihn der Vater mit nach Troja zurück.

Das ist das Ende der *Ilias*.

Ist das alles?

WAS? Das ist doch kein vernünftiger Schluss!

Wer hat den Krieg gewonnen und was ist aus Achilles geworden?

Und aus Helena?

Damit, dass der Dichter hier aufgehört hat, wollte er möglicherweise sagen, dass der Krieg nie zu Ende ist und es immer wieder zu neuen Kriegen kommt.

Wer gesiegt hat? Kann man in einem Krieg siegen? In Wahrheit gibt es nur Verlierer. Sobald sich der erste Jubel gelegt hat, merken die Sieger, dass es ihnen genauso schlecht geht wie den Besiegten. Sie weinen um ihre Toten, die zerstörten Städte und die verbrannten Felder. Die Besiegten sind sozusagen ein Spiegel für den Sieger.

Nach der Begräbnisfeier für Hektor ging der Kampf weiter. Paris tötete Achilles, den er an seiner einzigen verwundbaren Stelle traf. Thetis hatte nämlich ihren Sohn als kleines Kind ans Ufer des Unterwelt-Flusses Styx getragen und ihn hineingetaucht, damit er unverwundbar wurde. Dabei hatte sie ihn an der rechten Ferse gehalten, die auf diese Weise nicht vom Wasser benetzt wurde. Als ein Pfeil des Paris Achilles dort traf, entstand eine tiefe Wunde, die nicht heilte und an der er starb.

Auch Paris fand den Tod.

Gut so! Den mag ich nicht.

Ich schon.

Schließlich nahmen die Griechen die Stadt Troja ein und plünderten sie. Ihre Krieger brachen aus einem gewaltigen hölzernen Pferd hervor, in dessen Rumpf sie sich auf den Rat des Odysseus hin verborgen gehalten hatten. Die neugierigen Trojaner hatten es selbst in die Stadt hineingezogen.

Geschwächt und mehr oder weniger ohne Anführer ergaben sie sich.

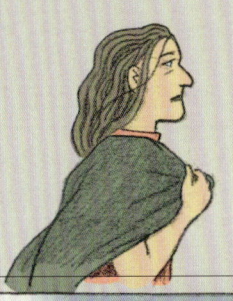

Menelaos und Helena versöhnten sich, die griechischen Heerführer bestiegen ihre Schiffe und kehrten in die Heimat zurück – bis auf Odysseus. Er erlebte auf einer langen Irrfahrt zahlreiche Abenteuer, die Homer in einem zweiten Epos berichtet hat, der *Odyssee*.

Erzählst du uns das?

Ein anderes Mal. Jetzt bin ich von der *Ilias* erschöpft.

INDEX UND GLOSSAR

ABYDOS, Hafenstadt der Antike in Kleinasien, nördlich von Troja *(siehe Karte)* (S. 28).

ACHILLES, Sohn der Nereus-Tochter Thetisᶜ und des Sterblichen Peleusᶜ, Heerführer und Herrscher der Myrmidonen *(siehe Karte)*. Er ist einer der berühmtesten Helden Homers und unverwundbar – außer an der rechten Ferse. Als ihn der Pfeil des Paris dort trifft, stirbt er (S. 13–74).

ADRASTE, Stadt und Region im südlich von Troja gelegenen Mysien (S. 28).

ADRASTOS, Bruder des Amphios (S. 28).

ÄGÄIS, Teil des Mittelmeers zwischen Griechenland und Kleinasien *(siehe Karte)*.

ÄNEAS, vom Kentauren Cheiron aufgezogener trojanischer Prinz, Sohn des Anchises und der Aphroditeᶜ. Nach der Niederlage Trojas flieht er nach Italien. Angeblich geht die Gründung Roms auf ihn zurück (S. 28, 43–46, 57).

AGAMEMNON, König der Mykener *(siehe Karte)* und oberster Heerführer der Griechen im Trojanischen Krieg. Er hätte, ohne zu zögern, seine Tochter Iphigenie geopfert, um die widrigen Winde zu besänftigen, wenn ihm nicht Kalchasᶜ ein anderes Opfer genannt hätte (S. 9–10, 13–21, 23, 25, 38, 50, 52, 55–56, 66).

AGAPENOR, Sohn des Ankaios, der im Trojanischen Krieg das Heer aus Arkadien befehligte (S. 24).

AJAX, der »große Ajax« genannt, Sohn Telamons, des Herrschers von Salamina. Er ist schwer bewaffnet und nach Achilles der Stärkste der griechischen Helden. (S. 23, 42, 51, 63–64).

AKMAS aus Thrakien und AKAMAS aus Troas, zwei trojanische Heerführer (S. 29).

ALESIA, Stadt im Nordosten der Peloponnes. (S. 24).

AMPHIMACHOS, Sohn des Kteatos, der im Trojanischen Krieg die Männer der Epeus befehligte (S. 24).

AMPHIOS, Verbündeter der Trojaner (S. 28).

ANTILOCHOS, Sohn des weisen Nestorᶜ. Wird vor Troja getötet, als er den Hieb pariert, den Memnon gegen seinen Vater führt (S. 62–63).

ANTIPHOS, einer der fünfzig Söhne des Trojanerkönigs Priamos (S. 55).

APHRODITE, die »Schaumgeborene«. Göttin der Schönheit, der Fruchtbarkeit und der leidenschaftlichen Liebe. Sie steht auf der Seite der Trojaner (S. 9–10, 33, 36–37, 44, 46).

APOLLO, Gott der Künste und des Lichts. Auch er beschützt die Trojaner (S. 15–16, 28, 37, 43, 47, 62).

ARGOS, die älteste griechische Stadt in der Argolis auf der Peloponnes *(siehe Karte)* (S. 23, 25).

ARKADIEN, Gebiet in der Mitte der Peloponnes *(siehe Karte)* (S. 24).

ARKELISAS, während der Belagerung Trojas Heerführer der böotischen Griechen aus Theben (S. 22).

ASIOS, Verbündeter der Trojaner (S. 28).

ASKAPHOS, Bruder des Ialmenosᶜ und wie dieser einer der Bewerber um die Hand Helenasᶜ. Die beiden befehligen bei der Belagerung Trojas die Krieger aus Aspledon und Orchomenosᶜ (eine Flotte von dreißig Schiffen) (S. 22).

ATHENE, kriegerische Göttin, die vollständig bewaffnet aus dem Haupt des Zeusᶜ entsprungen ist, außerdem die Göttin der Weisheit. Sie beschützt Odysseusᶜ, den Herrscher Ithakas (S. 9, 17–18, 37–38, 47).

ATRIDE, Bezeichnung für Agamemnonᶜ und Menelaosᶜ, Söhne des sagenhaften Königs Atreus von Mykeneᶜ (S. 23).

AUTOMEDON, tapferer Krieger der Griechen, der mitunter den Streitwagen des Achillesᶜ lenkt (S. 66, 70).

BÖOTIEN, in der Antike ein Gebiet in der Mitte des griechischen Festlandes *(siehe Karte)* (S. 22).

BRISEIS, von Achillesᶜ besonders geschätzte Gefangene. Nach ihrem Vater Brises wird sie Briseis genannt, ihr wirklicher Name ist Hippodamia (die Pferdezähmerin). Als Agamemnonᶜ sie ihm wegnimmt, gerät Achilles in so großen Zorn, dass er sich nicht mehr an den Kämpfen beteiligt und in sein Zelt zurückzieht (S. 14, 17–19, 25, 51, 66).

CHRYSEIS fällt bei der Teilung der Beute nach der Belagerung von Theben Agamemnonᶜ zu. Als dieser gezwungen wird, sie aufzugeben, hält er sich dadurch schadlos, dass er Achillesᶜ die schöne Briseis fortnimmt. Dessen Zorn (er weigert sich fortan, zu den Waffen zu greifen), ist das Zentralthema der *Ilias* (S. 14–15, 17).

CHRYSES, Priester des Gottes Apolloᶜ. Er erreicht, dass Apollo das Heer der Griechen von der Pest heimsuchen lässt, bis ihm Agamemnonᶜ seine Tochter zurückgibt. Nach einer Beratung mit dem Seher Kalchas sieht sich dieser genötigt, der Aufforderung Folge zu leisten (S. 15–16).

DARDANER, Volksstamm im Umland von Troja. Ihr Herrscher Dardanus wird gewöhnlich als Gründer Trojas bezeichnet (S. 11, 13).

DIOMEDES, König von Argos *(siehe Karte)*. Gefürchteter Krieger und Gefährte des Odysseus bei besonders gefahrvollen Unternehmungen. Er gehört zu jenen, vor denen die Trojaner am meisten zu fürchten haben (S. 23, 43–45, 52, 54, 57).

DIORES, tapferer Krieger, den Piroosᶜ, der Anführer der Thraker, bei der Belagerung Trojas tötet (S. 24).

EPIDAUROS, diese Stadt im Nordosten der Peloponnes enthält ein dem Apollo Maleatas geweihtes Heiligtum. Noch heute wird das wegen seiner Proportionen und Akustik berühmte Amphitheater häufig besucht *(siehe Karte)* (S. 23).

EPISTROPHOS steht im Trojanischen Krieg gemeinsam mit Naubolidesᶜ an der Spitze der Krieger aus Phokien (S. 22).

ERIS, Göttin der Zwietracht. Sie stachelt die Menschen zu Zank, Streit und Krieg an. Zeusᶜ verjagt sie schließlich aus dem Olympᶜ. Sie ist die Mutter des Hungers, der Katastrophen und des Hasses und geht mit wildem Blick, schäumendem Mund und Schlangen an dem Kopf durchs Leben, wobei sie in einer Hand eine Giftschlange und einen Dolch trägt und in der anderen eine Lanze, die wie ein Flammenwerfer aussieht. Man geht ihr am besten aus dem Weg. Ihr »Zankapfel« löst den Trojanischen Krieg aus (S. 8).

EUPHEMOS, im Trojanischen Krieg Anführer der Kikonenᶜ aus Thrakienᶜ (S. 29).

EURYALOS, Unterführer der von den großen Städten der Peloponnesᶜ zum Trojanischen Krieg entsandten Kontingente (S. 23).

GRIECHENLAND, Land im Südosten Europas *(siehe Karte)*.

HADES, Bruder des Zeusᶜ und Beherrscher der Unterwelt, wo er über Schattengestalten gebietet.

HEKTOR, ältester Sohn des Priamos. Der edelste und zugleich tapferste Anführer der Trojaner und eine der Hauptgestalten der *Ilias*. Sein Tod von der Hand des Achillesᶜ, der damit seinen Freund Patroklos rächt, sowie der Bittgang, den Priamosᶜ unternimmt, um vom Sieger den Leichnam Hektors zu erbitten, damit er ihn beerdigen kann, bildet den Schlusspunkt des Werkes (S. 26–74).

HELENA, Gattin des Griechenkönigs Menelaosᶜ. Sie ist als Ergebnis der Liebesbeziehung zwischen Zeusᶜ und der Sterblichen Leda, der er sich in Gestalt eines Schwans genähert hatte, aus einem Ei geschlüpft. Zum Krieg kommt es, weil der Trojaner Paris sie ihrem Gatten raubt (S. 9–10, 24, 31, 33, 72–73, 75).

HELLAS (Land der Hellenen), Name Griechenlands auf Griechisch (S. 25).

HEPHAISTOS, Gott des Feuers und der Schmiedekunst. Bei einem Sturz aus dem Olympᶜ fällt er nahe der Vulkaninsel Lemnos *(siehe Karte)* ins Meer (S. 65, 69).

HERA, Gattin des Zeus, Beherrscherin des Olympsᶜ. Sie steht im Trojanischen Krieg auf der Seite der Griechen. (S. 9, 37, 69).

HIPPOLOCHOS, von der Hand des erbarmungslosen Agamemnonᶜ getöteter Trojaner, Bruder des Pisanderᶜ (S. 55).

HIPPOTHOS, kommandiert gemeinsam mit Pylokos die Krieger aus Larissa (S. 28)

HOMER, blinder Dichter, dem wir die *Ilias* und die *Odyssee* verdanken. Manche bezweifeln, dass er gelebt hat, oder vertreten die Ansicht, die beiden Werke könnten nicht von ein und demselben Verfasser stammen (S. 6, 11, 75).

HYRMINIA, Gebiet der Elider auf der Peloponnes (S. 24).

IALMENOS, Bruder des Askaphosᶜ, ein weiterer Bewerber um die Hand Helenasᶜ (S. 22).

ICHOR, laut Homerᶜ die Flüssigkeit, die anstelle von Blut in den Adern der Götter fließt (S. 45).

IDOMENEOS, König der Kreterᶜ. Tapferer Heerführer und einer der Bewerber um die Hand Helenasᶜ (S. 25).

ILESION, in Homersᶜ Griechenland Stadt in Böotien (S. 22).

ILIAS, Dichtung, die in vierundzwanzig Gesängen die Belagerung Trojas und den Zorn des Achillesᶜ beschreibt, der zum Leidwesen der Achäer nicht bereit ist, weiterhin am Kampf teilzunehmen, sich schließlich doch dem Trojaner Hektorᶜ entgegenstellt (S. 6, 73, 75).

IRIS, (laut Homer die »Leichtfüßige«), geflügelte Botin der Götter, die insbesondere im Dienst von Zeusᶜ Gattin Heraᶜ steht (S. 26, 33).

ISOS, trojanischer Krieger und ein weiteres Opfer des Agamemnonᶜ (S. 55).

ITHAKA, eine der ionischen Inseln im Nordwesten Griechenlands. Dort herrscht Odysseus, von dem es in der *Odyssee*ᶜ heißt, dass es zehn Jahre dauert, bis er nach dem Sieg der Griechen über die Trojaner dorthin zurück gelangt *(siehe Karte)* (S. 25).

KALCHAS, Seher aus Mykene, der den Griechen die Dauer des Trojanischen Krieges vorhersagt (S. 16).

KEPHALONIA, Nachbarinsel von Ithaka im ionischen Meer *(siehe Karte)* (S. 25).

KIKONEN, mythisches Volk aus Thrakienᶜ. Als ein heftiger Sturm Odysseusᶜ bei seiner Rückkehr aus Troja an deren Küste scheitern lässt, kämpft er gegen sie und plündert ihre Hauptstadt Ismaros (S. 29).

KYPARISSOS, Stadt in Phokien (S. 22).

LAKEDÄMONIEN (siehe Sparta).

LARISSA, Stadt in Thessalien auf dem griechischen Festland *(siehe Karte)* (S. 28).

LEITOS, Fürst der Böotier (S. 22).

LYRNESSOS, Stadt südlich von Troja *(siehe Karte)* (S. 14).

MÄONIER, Bewohner von Mäonien, eines Gebietes, das in der heutigen Türkei liegt *(siehe Karte)* (S. 29).

MENELAOS, Herrscher über Lakonien (Sparta)ᶜ, Gatte der schönen Helenaᶜ. Ihre Entführung durch Paris nach Trojaᶜ ist der Auslöser eines zehn Jahre dauernden mörderischen Krieges zwischen Griechen und Trojanern (S. 9–10, 20, 24, 31, 33, 36–38, 52, 62–64, 75).

MYKENE, Hauptstadt des Reiches Argolis auf der Peloponnes, über die Agamemnonᶜ gebietet (S. 10, 15, 23).

MYRMIDONEN, mythische griechische Völkerschaft, über die Peleusᶜ, der Vater des Achillesᶜ, und später dieser selbst herrschte *(siehe Karte)* (S. 14, 25, 60, 66).

MYSIER, Völkerschaft aus Mysien auf dem Gebiet der heutigen Türkei *(siehe Karte)* (S. 29).

NAUBOLIDES, im Trojanischen Krieg Heerführer der Krieger aus Phokienᶜ (S. 22).

NESTOR, griechischer Herrscher aus Pylosᶜ. Trotz seines fortgeschrittenen Alters bricht er mit zwanzig Schiffen voller Krieger auf. Während der Belagerung Trojas zeichnet er sich durch seine Ansprachen und klugen Ratschläge aus (S. 24, 48–52).

ODYSSEE, das gegen Ende des 8. Jahrhundert vor Chr. entstandene Epos, das auf die *Ilias*ᶜ folgt. Seine vierundzwanzig Gesänge berichten über die von zahlreichen Widrigkeiten begleitete Heimkehr des Ithaka-Fürsten Odysseusᶜ nach der siegreichen Strafexpedition der Griechen gegen die Trojaner (S. 6, 75).

ODYSSEUS, wegen seines Mutes, seiner List, Kraft, Umsicht und Klugheit, aber auch wegen seines Hanges zu Abenteuern zweifellos der bekannteste der Helden Homers (S. 13, 25, 42, 50–52, 54, 57, 75).

OILEOS, ein weiteres Opfer des Agamemnonᶜ (S. 55).

OLYMP, oberhalb der Wolken gelegener Aufenthaltsort der zwölf griechischen Hauptgötter. Dort hat der oberste von ihnen, Zeusᶜ, seinen Palast (S. 7, 17, 21, 37, 43, 46).

ORCHOMENOS, Stadt in Böotien *(siehe Karte)* (S. 22).

PÄONIER, Völkerschaft aus Päonien im Nordosten Thrakiensᶜ. Dieses Gebiet entspricht in etwa dem heutigen Bulgarien (S. 29).

PANDAROS, Sohn des Lykaon aus Zeleiaᶜ. Nur selten schießt er daneben, denn seinen Bogen soll ihm Apolloᶜ höchstselbst geschenkt haben … Er kämpft auf der Seite der Trojaner (S. 28, 37–38, 43–44).

PAPHLAGONIER, Völkerschaft aus Paphlagonien in Kleinasien (heutige Türkei) (S. 29).

PARIS, trojanischer Prinz, Sohn des Priamosᶜ, hütet Schafe, wenn er Lust dazu hat. Mit der Entführung der schönen Helenaᶜ löst er den Trojanischen Krieg aus (S. 9–19, 28, 30, 32–33, 36, 46, 57, 72, 74–75).

PATROKLOS, enger Freund des Achilles‹. Weil er dessen Rüstung trägt, hält ihn Hektor‹ für Achilles und tötet ihn. Um den Tod des Freundes zu rächen, erklärt sich Achilles bereit, erneut zu den Waffen zu greifen (S. 19, 39, 57, 61-64, 66, 73).

PELEUS, mythischer Herrscher von Phthia‹ in Thessalien (siehe Karte) und Vater des Achilles‹ (S. 8).

PELOPONNES, eine Halbinsel, die nahezu ein Drittel Griechenlands ausmacht (siehe Karte).

PENELEOS, einer der Heerführer der Böotier (S. 22).

PERKOTA, Stadt nördlich von Troja (siehe Karte) (S. 28).

PHARIS, südlich von Sparta gelegene Stadt im Griechenland Homers (S. 24).

PHOKIEN, Gebiet in Zentralgriechenland, westlich von Böotien‹ (siehe Karte) (S. 22).

PHTHIA, Hauptstadt der thessalischen Landschaft Phthiotis (S. 25).

PIROOS, Fürst der Thraker. Er verwundet Diores‹ mit einer Steinschleuder am Bein, wird aber gleich darauf von Thoas getötet (S. 22).

PISANDER, eins der zahlreichen Opfer Agamemnons‹ (S. 55).

PITYEA, Stadt in Mysien, auf dem Gebiet der heutigen Türkei (S. 28).

POLYDAMAS, Freund und Ratgeber Hektors‹ (S. 59).

POLYXENES, griechischer Heerführer (S. 24).

PRIAMOS, letzter König von Troja. Er herrschte auch über Phrygien (siehe Karte) und die vorgelagerten Inseln, insbesondere Lesbos (S. 10, 26, 28, 43, 55, 73).

PROTHOENOR, griechischer Anführer der Böotier. Sohn eines der trojanischen Fürsten, Ariilokos. Er wird von Polydamas‹ getötet (S. 22).

PYLOKOS, befehligt im Trojanischen Krieg gemeinsam mit Hippothos‹ die Streitkräfte aus Larissa‹ (siehe Karte) (S. 28).

PYLOS, Stadt im Südwesten der Peloponnes (siehe Karte). Der weise alte König Nestor‹ steht während der Belagerung Trojas an der Spitze der Krieger aus Pylos (S. 24).

PYRAECHMES, Heerführer der Päonier aus Thrakien‹ (S. 29).

PYTHO, alter Name der Stadt Delphi (siehe Karte), am Fuß des Bergs Parnassos in Phokien (S. 22).

SALAMINA, Athen vorgelagerte griechische Insel im Golf von Ägina (siehe Karte). Ajax‹ befehligt die von dort stammenden Krieger während der Belagerung Trojas (S. 23).

SAMOS, griechische Insel in der Ägäis (siehe Karte) vor der Küste der heutigen Türkei (S. 25).

SCHEDIOS, Heerführer der Phokiden‹ (siehe Karte) (S. 22).

SESTOS, Stadt nördlich von Troja (siehe Karte) (S. 28).

SKAMANDER (heute Menderes), ein Küstenfluss in der kleinasiatischen Landschaft Troas, der im Ida-Gebirge entspringt und in der Meerenge Hellespont, heute als Dardanellen bekannt, mündet. Der gleichnamige Flussgott, der auch den Namen Xanthes trägt, ist der Vorfahr der Könige von Troja (S. 67-69).

SKOLOS, Ort in Böotien (S. 22).

SPARTA, Stadt im Griechenland der Antike, Hauptstadt von Lakonien (siehe Karte). Dort herrschten strenge Sitten (S. 9-10, 24, 38).

STENELOS, Stellvertreter des Diomedes‹, der das Heer aus Argosien anführt (S. 23).

STYX, Fluss der Unterwelt, den man sich im Norden Arkadiens‹ gedacht hat. Da seine Mutter Thetis Achilles‹ als Kind vollständig in dessen Wasser getaucht hat, wobei sie ihn an der rechten Ferse hielt, ist er unverwundbar – außer an dieser Stelle (S. 74).

TERIA, Ort nördlich von Troja (S. 28).

THALPIOS, befehligt bei der Belagerung Trojas gemeinsam mit Polyxenes‹ die Krieger aus Hyrminien‹ und Alesia‹ (in der Landschaft Elide) (S. 24).

THEBEN, von Agamemnon‹ zerstörte Stadt südwestlich von Troja (siehe Karte). Man sollte sie weder mit dem ägyptischen noch mit dem griechischen Theben verwechseln (S. 14).

THEOPIA, eine böotische Stadt im Griechenland Homers (S. 22).

THETIS, in der griechischen Mythologie eine als Nymphe bezeichnete Meeresgottheit, die bekannteste der »Nereiden« genannten Töchter des Nereus und Mutter des Achilles‹. Bei ihrer Hochzeit mit dem Sterblichen Peleus bringt Eris‹ den »der Schönsten« zugedachten Zankapfel ins Spiel (S. 8, 19, 21, 64-65, 74).

THRAKIEN, ein Bereich Osteuropas an der Küste der Ägäis‹, der heute teils zu Griechenland und teils zur Türkei und Bulgarien gehört (S. 29, 54).

TYRINTHOS, eine Stadt im Griechenland der Antike (S. 23).

TREZENIA, in der Antike eine Athen tributpflichtige Stadt (siehe Karte) (S. 23).

TROJA, mythische Stadt in Kleinasien und Schauplatz der in der ›Ilias‹ berichteten kriegerischen Ereignisse. Ausgelöst haben soll diese die Entführung der schönen Helena‹, Gattin des Königs Menelaos‹ von Sparta, durch den jungen trojanischen Prinzen Paris‹. Um diese Schmach zu rächen und zu tilgen, zogen griechische Heerführer unter dem Oberbefehl des Herrschers Agamemnon‹ von Mykene zu einer Strafexpedition gegen Troja aus.

TROJANISCHES PFERD, ein großes hölzernes Pferd, das die Griechen als angebliche Weihegabe an die Göttin Athene‹ vor den Mauern der Stadt Troja zurückgelassen hatten. Ohne zu ahnen, dass sich bewaffnete griechische Krieger darin verbargen, zogen es die Trojaner in ihre Stadt. Diese List hatte sich Odysseus‹ einfallen lassen (S. 5, 75). Und jetzt ist auch klar, dass man Trojaner im Computer genau genommen »trojanische Pferde« nennen müsste.

ZAKYNTHOS oder ZANTE, eine der ionischen Inseln südlich von Ithaka‹ (siehe Karte) (S. 25).

ZELEIA, Stadt nördlich von Troja (siehe Karte) (S. 28).

ZEUS, der oberste der Götter. Er thront im Olymp‹ und gebietet über Himmel und Erde, während Poseidon für das Meer und Hades für das Totenreich zuständig ist (S. 9, 21, 37, 46).

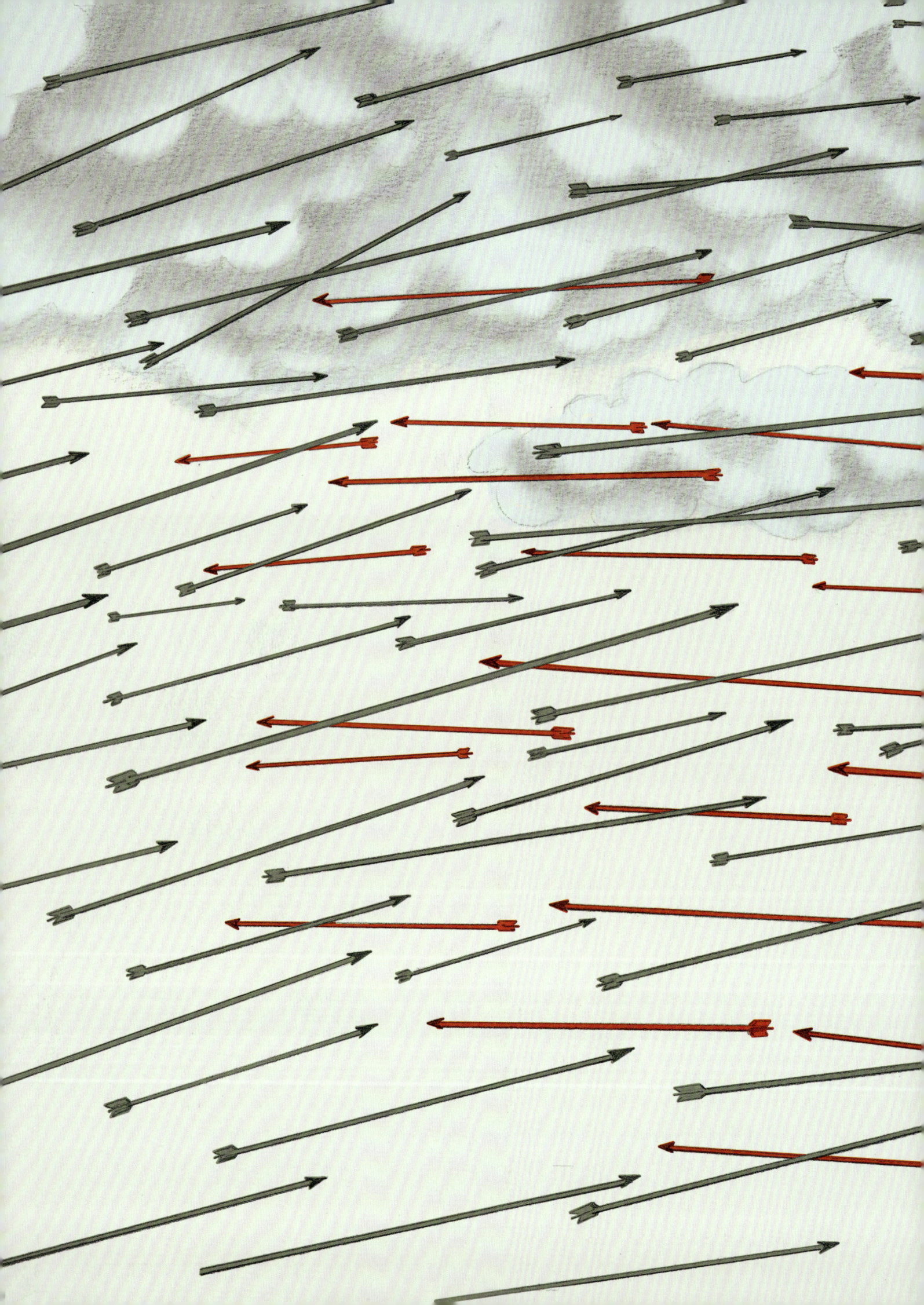